AF306051

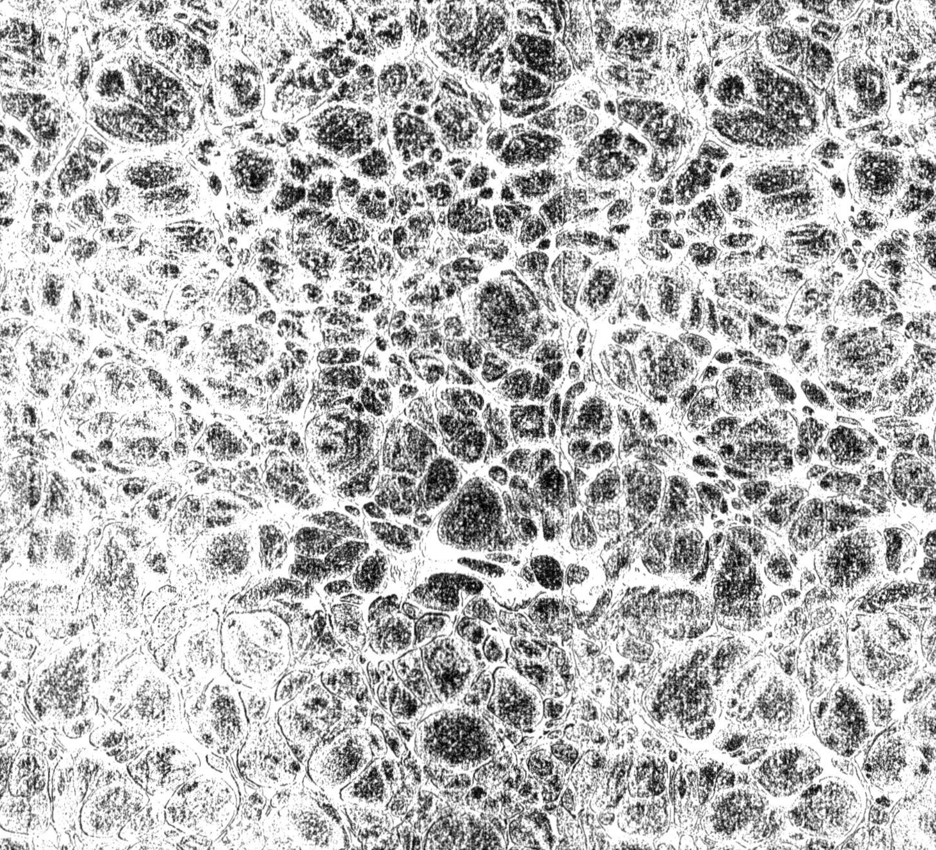

V. 1709.
H. 9. c. 4

Le texte est in-4°.

a conserver

X.

626

248

626

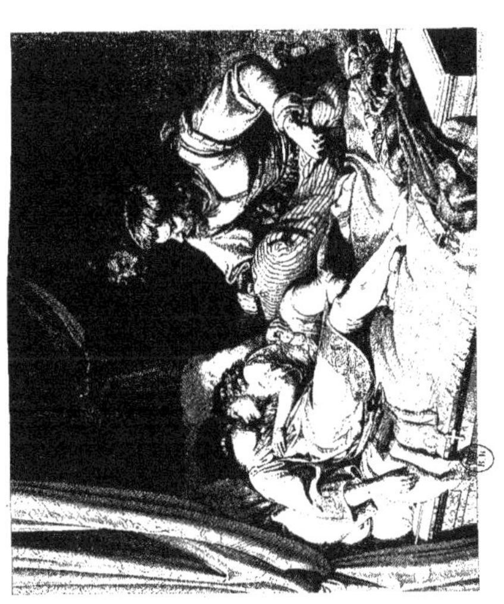

Götzenberger

Die Philosophie
Fresco Gemälde in Bonn

La Philosophie
peinture à fresque de Bonn

Klenze.

Die Walhalla.   La Walhalla.

P. Cornelius

Jerusalem captive.

Die gefangene Jerusalem (Jerem. C.52) ihrer übermüthigen Feinde Spott u. Hohn (Psalm 5.15.22 4 Klagel (5.2.16) von ihren Propheten gewarnt und getröstet, betrauert und getröstet.

Originalgetreue Zeichnung aus dem Nachlaß des Malers J. Oberle (gestorben zu Rom den 15ten April 1852.)

Nahar.

Entrée triomphale de l'Empereur Louis de Bavière, après la victoire d'Ampfing.

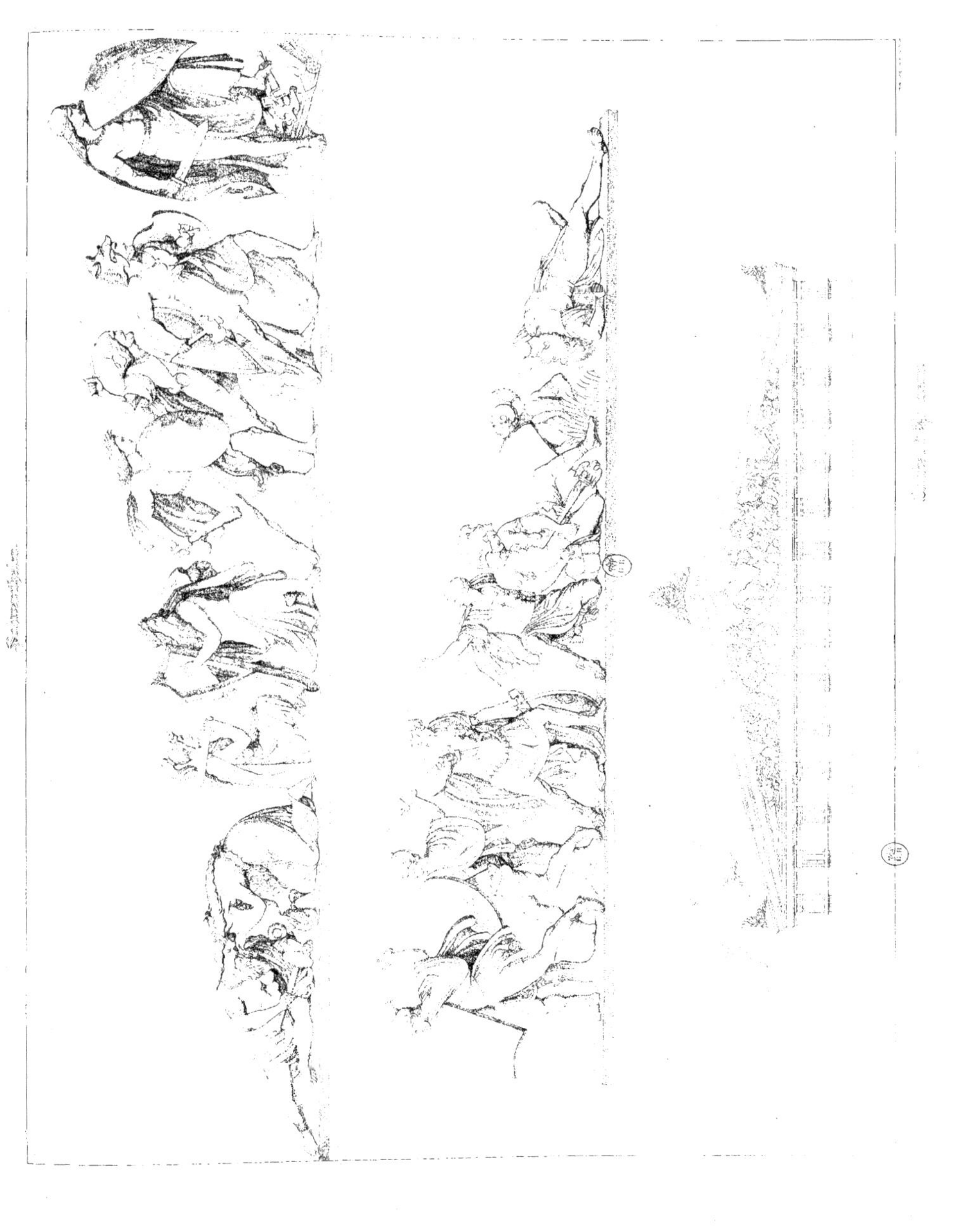

Albert Thorwaldsen

Die christlichen Tugenden.

SCHINKEL.
SCHLOSSBRÜCKE, FAÇADE.
MUSEUM.
PONT DU CHÂTEAU, DOUANE.
MUSÉE.

MIECISLAUS
BOLESLAUS
CHROBRI

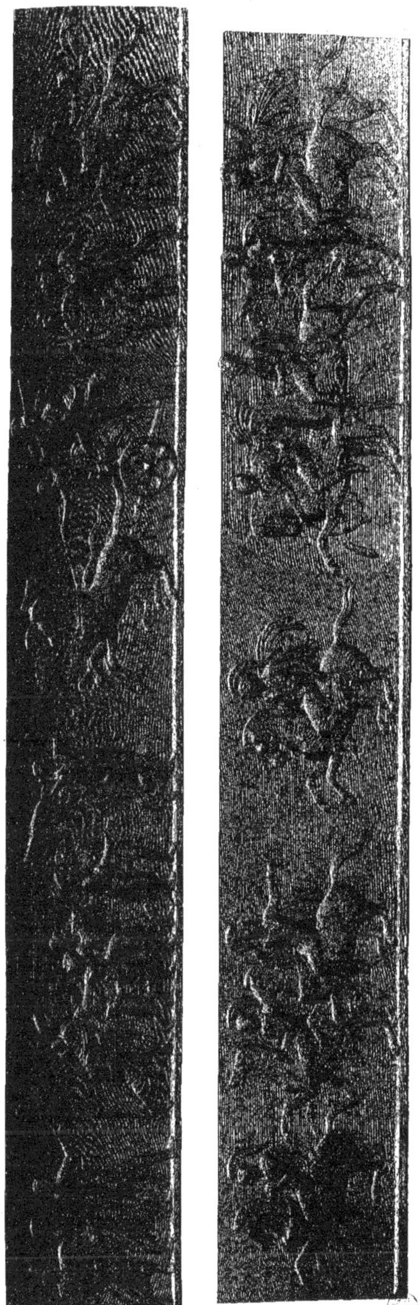

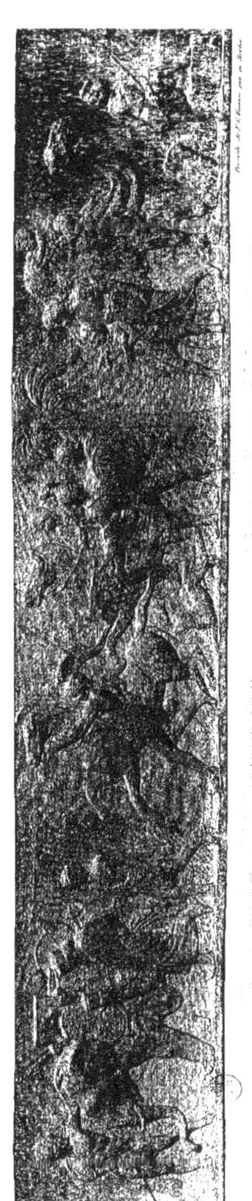

Die sieben Werke der Barmherzigkeit.

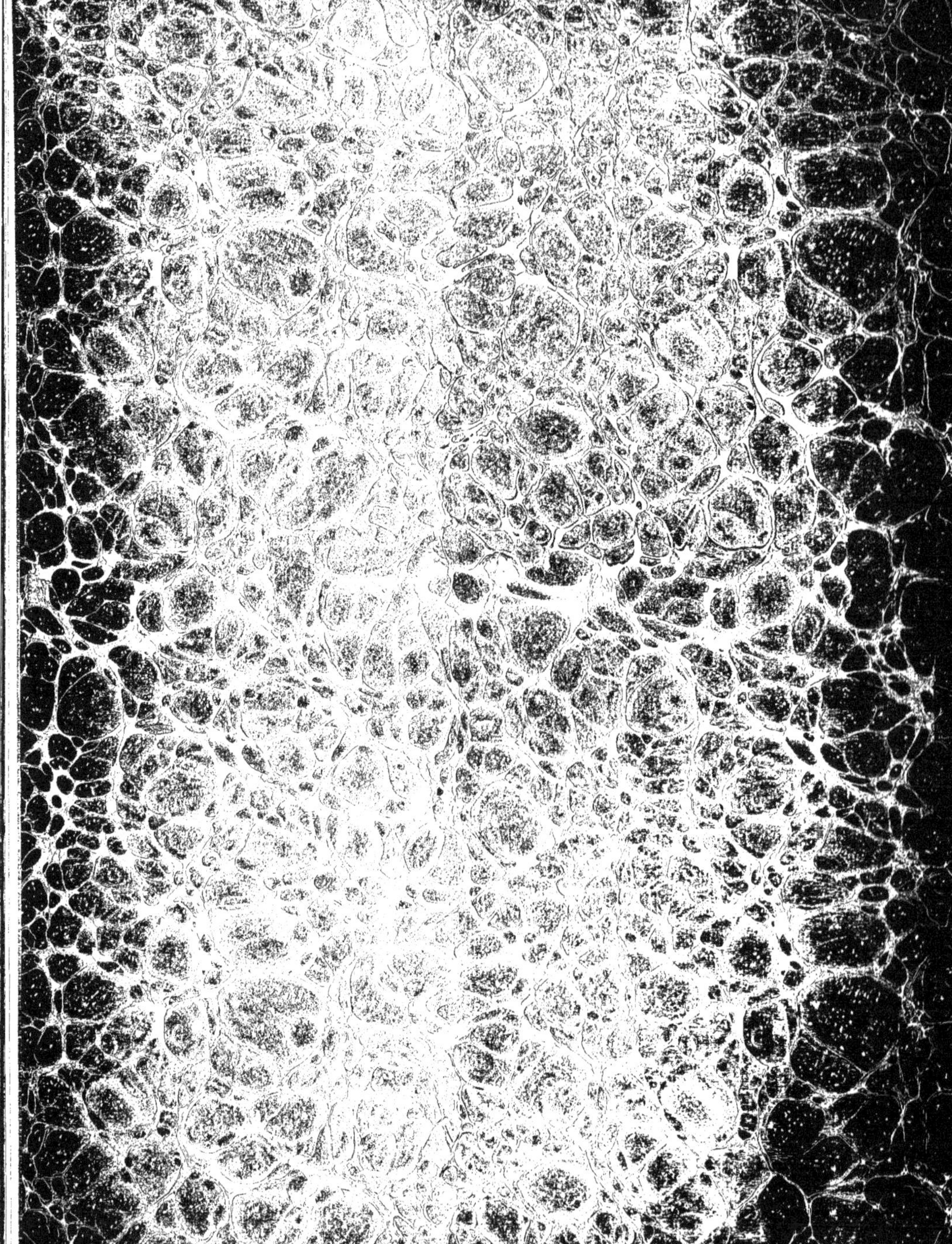

www.ingramcontent.com/pod-product-compliance
Ingram Content Group UK Ltd.
Pitfield, Milton Keynes, MK11 3LW, UK
UKHW020919120726
13693UKWH00003B/1078